RECUERDOS
Y VIDA EN VERSO

ExLibric

MARÍA HUERTAS LÓPEZ PÉREZ

RECUERDOS
Y VIDA EN VERSO

EXLIBRIC

ANTEQUERA 2021

MARÍA HUERTAS LÓPEZ PÉREZ

RECUERDOS
Y VIDA EN VERSO

DÍA SIETE DE ABRIL

Hoy he ido al cementerio
por ser el siete de abril
y esta fecha me recuerda
que un día siete te perdí.

Ese día quedé sin madre,
se me fue mi corazón
y lloré sobre tu tumba,
loca de rabia y dolor.

Te he contado mis penas,
lo que estoy sufriendo, madre,
que la muerte me robó
lo que más falta me hace.

Al subir por el sendero
se me abrieron las entrañas,
al recordar, madre mía,
lo lejos que está mi infancia.

Los montes que te rodean,
que son tu triste morada,
los recorrí palmo a palmo
dando saltos, alocada.

Recuerdo, madre querida,
que a veces tú me llamabas
y que me reprendías tanto
porque preocupada estabas.

Cuando subía a esos montes,
medio muerta y fatigada,
yo les retaba diciendo:
«He de vencerte, montaña».

Y seguía caminando,
y llegaba hasta su cima,
y llenaba mis pulmones
del aire de la campiña.

Tan alto como subí,
en mi fantasía de niña
y tanto y tanto rodé
por mi bajada de espinas.

El destino me esperaba
escondido en una esquina
y me atrapó con sus garras,
¡me destrozó, madre mía!

Me han pisoteado viva,
han matado mi ilusión,
metieron odio y coraje
dentro de mi corazón.

Hoy camino por la vida
arrastrando mi amargura,
busco el consuelo tan grande
que me daba tu ternura.

Me hallo en un pozo oscuro,
donde no encuentro la luz,
no veo, estoy vegetando.
Madre, ayúdame tú.

A MI MADRE

Qué pena siento, mujer,
que ya no te puedo dar
los besos que reprimí
por mi timidez fatal.

Si ahora estuvieras aquí,
a besos te iba a cansar.
Madre, qué sola me encuentro,
contigo quiero marchar.

El callejón de la Fina

Ya se escapa de mis manos
aquello que me pedías,
aquí tienes mi cariño,
ahí tienes tu poesía.

Nunca encontré las palabras
para decírtelas en vida,
por mucho que me esforzaba
mi mente no florecía.

Has tenido que marcharte
para que suelte la espina,
con tu muerte se entristece
el callejón de la Fina.

Ya no se llena tu casa,
ya no se escucha tu risa.
Cuando paso por tu puerta
lo hago despacio, sin prisa,
y el halo de tu presencia
percibo como una brisa.

He querido estar contigo
viendo escaparse tu vida,
para recordarte siempre,
para llorar a mi amiga.

He purificado el alma,
he vivido tu agonía,
para aprender junto a ti
la gran verdad de la vida.

He acariciado tu cuerpo,
he besado tus mejillas,
he masticado en el aire
aquello que se vivía.

Esos últimos momentos,
esas personas queridas
que tragándose el dolor
con entereza decían:
«Venga, Fina, despacito,
dale tu beso a la vida».

El rostro transfigurado
y con tanta valentía
tragando llanto y dolor,
acariciando a su amiga.

Has tenido que morir
para arrancar tu poesía,
la que te hago con tanto cariño
y con un mensaje, amiga:
«Si te encuentras con mi madre,
cuéntale cositas mías.

Dile que ya no soy débil,
que le hago frente a la vida,
que aprendí a dar los pasos
a raíz de su partida.

Que no padezca por mí,
que de este pozo hay salida,
que ya no le tengo miedo
ni a la muerte ni a la vida.

A pesar de tantos años,
su presencia siento viva».
Estoy hablando de mí
y estoy pensando en tus hijas.

¿Qué les podría decir?
No encuentro palabras, Fina,
solo llegará el consuelo
con el paso de los días.

Y esos hijos que te dejas,
el pequeñín y la espiga.
Es palabra cariñosa
que me sale, amiga mía.

Ese pedazo de hijo,
tan tierno, tan atento y amable,
doblado como una espiga
por la muerte de su madre.

Si yo pudiera decirles
que esto el tiempo lo mitiga…
Pero no van a entenderlo,
de momento no hay salida.

Lo digo por experiencia,
porque lo he vivido, Fina.
Ellos se quedan sin madre,
a mí se me ha ido una amiga.

Amigo Lázaro

En un lugar de Perín
hay una luz y un amigo
a quien quisiera decir
unas palabras que expresen
lo que me hizo sentir.

Por nombre le llaman Lázaro
y es un ser especial,
te rodea con sus brazos
y es como agua de cántaro
con sabor a manantial.

Se despliega en atenciones
cuando nos siente llegar,
con su risa esplendorosa
nos va entregando una rosa
al visitar su local.

Al servir con elegancia
sus comidas exquisitas,
hace como el buen amigo,
está pendiente y atento,
le sientes siempre contigo.

Al despedirse de ti,
con un abrazo te aprieta,
su aura te hace sentir
y te invade la tristeza
porque te tienes que ir.

Con tu profesión errante,
fuiste servidor de papas
y te trajiste de Roma
frescor, dulzura, encanto
y resplandor de paloma.

Querido amigo Lázaro,
cuando me encuentre sedienta,
yo te prometo volver
a beber agua del cántaro
para mitigar mi sed.

A JOSEFA

Hace ya algunos años
me ocurrió un caso muy lindo,
estaba en Cala Cortina
a mis chiquillos bañando.

Noté que cierta señora
miraba con insistencia
y después se me acercó,
preguntando con prudencia,
si era yo aquella persona
que su mente recordaba,
contándome que de niña
con mi madre ella jugaba.

Pasamos la tarde hablando
y guardo gratos recuerdos,
pues, al parecer, mi abuela
a ella contaba cuentos.

Nos despedimos después
pensando no volver a vernos,
recordando muchas veces
aquel agradable encuentro.

Coincidimos cierto día
que yo visitaba a Alicia,
pues resulta que también
ellas eran grandes amigas.

Estuvimos comentando
mi afición por la poesía,
quedando en que de mis poemas
una copia le haría.

Como no soy vanidosa
aquello yo no entendía,
el que hubiese una persona
que mis escritos quería.

Ahora viene a visitarme,
somos buenas amigas,
pidiéndome algunas veces
que un poema yo le escriba.

Juntas nos fuimos un día
al monte de mis recuerdos
y cogimos un ramo
de rematas y romeros.

Lo llevamos a la iglesia
del barrio de Lo Campano
y pedimos a la Virgen
que nos deje de su mano.

Después quedamos en vernos
y estoy feliz y contenta,
pues la semana que viene
vendrá mi amiga Josefa.

HUERTANICA

Huertanica, huertanica,
se han abierto tus heridas
al poner tu confianza
en quien no lo merecía.

Has estado en él pensando,
por la noche y por el día,
y te sentiste muy triste
al ver que no volvería.

La presión sobre tu brazo
de sus dedos, huertanica,
fue como un bálsamo puro
que cerrara tus heridas.

Quiso darte la alegría
de llamarte con su nombre,
y al sentirte comprendida
ha calado en ti ese hombre.

«Emana de ti una luz
que me dice que has sufrido»,
y al escuchar sus palabras
despertaban tus sentidos.

Mas como el pájaro fénix
surgiendo de sus cenizas,
al no venir a buscarte
se han abierto tus heridas.

Has llorado el desengaño,
igual que cuando eras niña,
y por ser tan confiada
te han dañado, huertanica.

Has rebasado tu copa
con la bilis de la vida,
han vuelto a ponerte alerta
contra el mundo, huertanica.

TUS MANOS

Tus manos,
las que despiertan en mí
sensaciones no vividas,
las que acarician mi pelo
y también mi piel marchita.

Las que me hacen olvidar
el vacío de una vida,
cuando sentía el dolor
de pasar inadvertida,
dando amor a manos llenas.

Nunca me sentí querida.
En mi lecho acurrucada
viendo el pasar de los días,
con el alma destrozada.

Pensar que acaba la vida
sin recibir el calor
que todo ser necesita.

Hoy me siento realizada,
tú has dado vida a mi vida,
charlando tranquilamente
de tus cosas y las mías,
acariciando mi pelo,

curando viejas heridas.
Tus manos,
las que acarician mis ojos
y también mi piel marchita,
de la que sentía vergüenza
cuando no te conocía;
tú me haces sentirme joven,
tú me haces sentirme viva.

Tus manos,
manos de hombre curtido
por el duro trabajar,
ganando el pan día a día.
Esas que, aparentemente,
parecían manos sencillas,
por la vida maltratadas,
por el tiempo encallecidas.

Manos rudas, luchadoras,
que se vuelven de seda
cuando mi cuerpo acarician.

Tus manos.
Hoy me siento renacida,
sentir que pasan los años
viendo acabarse mi vida,
pensar que no queda nada
de mi juventud perdida.

Tú me haces sentirme joven,
tú me haces sentirme viva,
jamás ojos me miraron
como los tuyos me miran,
con esa mirada tierna
que me hace sentir niña.

Tus manos,
que acarician sin maldad
en actitud distraída,
hablando de nuestras cosas.

A veces hasta te duermes
con tus manos en las mías
vencido por el cansancio.
Yo sé, por lo que me cuentas,
que es muy duro tu trabajo
y he de quedar admirada
de que aún te queden fuerzas
para acariciar mi cara.

Me quedo quieta, cohibida,
para no romper tu sueño,
con mirada agradecida
te repaso lentamente.

Esas manos,
de largos y finos dedos,
que le dan vida a mi vida.

CLAMOR

Esperando me paso la vida,
esperando y no sé qué espero,
esperando quizá que hasta Dios
llegue el clamor de los pueblos.

Que el temor que enmudece mi boca
se rebele y llegue hasta el cielo
y la ira de Dios sustituya
el silencio de los corderos.

Esta frase que un día encontré
en alguna pared desgastada,
cada vez que tropiezo con ella
se me clava España en el alma.

Esta España querida y maltrecha
donde todos sus hijos llevamos
una carga tan fuerte, tan dura,
que tenemos la espalda deshecha.

Cuánta luz cada vez que los nuevos
se hacen cargo, Señor, de las riendas,
esa luz que van oscureciendo
con mentiras, llantos y miserias.

Es por esto, Señor y Dios mío,
que mis gritos elevo hasta el cielo
al ver esta frase que me impacta:
el silencio de los corderos.

DESENGAÑO

Quise creer y creí
que, por fin, había encontrado
lo que tanto deseé
y que siempre me negaron.

Entregué mi corazón
a quien amor me juró,
después de tanto sufrir,
enterré mis penas yo.

Pero, ¡ay!, desilusión,
dolor, desgarro, agonía,
aquel que amor me juró
desgarró nuevas heridas.

Me hizo saber que quería
la compañía de otra
que era más joven que yo,
—casi la pena me ahoga—.

Mas comprendí que mi sino
era sufrir y sufrir,
pues se torció mi camino
el día que yo nací.

Hoy siento dentro de mí
un dolor que me devora,
por quien juró quererme
y a otra más joven adora.

Y pido fuerzas a Dios
para seguir mi destino.
Nunca tuve quien me amara.
¡Dios, qué triste es mi sino!

VIVIR

Vivir, ¿dónde está el vivir?
Si ella sola ha subsistido,
como una nube ha pasado
y en el tiempo se ha perdido.

¿Dónde está el potro salvaje
que se comía el mundo y
que de rebelde tachaban?

Que, por defender su verdad,
con los suyos se enfrentaba
y, mirando al horizonte
desde la cumbre más alta,
en un mundo de esperanza
a vivir se preparaba.

Hoy me tropecé con ella
y no la he reconocido,
viene cansada, deshecha,
esta vida la ha vencido.

Y se encierra más en sí
y olvidando que aún existe
van pasando los días.

No queriendo ya vivir
en un mundo que no entiende,
se refugia en las poesías.

De su alma destrozada
se le escapan alaridos
que nadie quiere escuchar.

Ella se espanta de todo
doblegada y sin luchar.
¿Qué hicieron con su inquietud?
¿Qué hicieron con su verdad?

TORMENTO

Me agobias,
me esperas,
me acechas.

Ya sé que vendrás por mí,
pero dame algo más de tiempo
para hacerme a la idea,
deja que llegue a conocerme,
después, ven a buscarme.

¿No te das cuenta de que
me estoy descubriendo ahora?
¿No sabes que nunca comprendí
el porqué de mi existencia?

Toda una vida vacía,
sin encontrarle sentido
y no me paraba a pensar en ti.

Ahora que empiezo
a sentirme realizada,
ahora que le encuentro
sentido a mi existencia,
te gozas en mortificarme todos los días.

Eres como una obsesión,
te apoderas de mis sentidos
y no me dejas en paz.

¿Por qué me atormentas?
Yo sé que al final vencerás
y trato de conformarme.

Pero ¿no te das cuenta?
Ahora me siento viva, persona,
aceptada y querida.

¿No ves que te rechazo,
que no te acepto?
Por favor, no irrumpas
tan insistentemente
en mi mundo.

Sé que estás al acecho,
pero espera un poco más,
tengo tantas cosas que hacer.

Ven por mí
cuando me sienta realizada,
cuando llegue a entender
y pueda responderme
a la eterna pregunta
que siempre me hice,
cuando pensaba que yo
no debería haber nacido.

Estaba ciega,
mi vida tiene un sentido,
ahora lo sé,
apártate de mi mente,
vete que todavía es pronto,
ya tendrás tiempo de venir a por mí.

Pero dame un respiro,
un solo día sin que piense en ti,
o al menos dame tiempo
para llegar a comprender
que al final vencerás.

Porque sé que me acechas,
deja que me haga a la idea,
no es que me rebele
porque sé que ha de pasar,
pero es que tengo tanto que hacer.

Llevo cuarenta años
sin saber qué hacer con mi vida
y ahora que lo veo tan claro,
déjame que deje huella,
que termine de conocerme
y dé mi fruto.

Tú, que rondas por el mundo
desde el principio de la vida
y que eres eterna,
dame tiempo
para que me haga a la idea
de que yo no lo soy.

Y cuando haya terminado
de dar mi fruto,
cuando vuelva a encontrarme vacía,
entonces, ven a por mí.

CONFESIÓN

Confesión al amado,
confesión en mis versos,
confesión con mis manos,
confesión con mis gestos.

Confesión que delata
mis más profundos secretos,
esos que a veces me matan,
confesión en el silencio.

MI NOMBRE

Hasta el nombre me cambiaron
para que no fuera yo,
mas al salir de las sombras
lo reclamo con fervor.

Si a mí me gusta mi nombre,
¿por qué cambiarlo?, ¿por qué?
Si con amor me lo puso
aquella que me dio el ser.

QUEJA

En mi paso por la vida
voy arrastrando los pies
sin encontrar la salida.

En mi paso por la vida
voy dando tumbos a oscuras,
protégeme, madre mía,
vela tú mi desventura.

ATORMENTADA

Yo te lloré tantas veces
cuando aún estabas viva,
si un día tú me faltaras,
¿qué haré yo, madre querida?

Me cogió tan de sorpresa,
dependía tanto de ti
que aún no me hago a la idea,
madre, no estás ya aquí.

Quedé tan desamparada,
llorando con amargura,
recordando aquellos días
en que rayé la locura.

Recuerdo, madre querida,
cuánto sufriste por mí,
tener que dejar a un hijo
allá, tan lejos y así.

Las lágrimas te tragabas
y yo miraba hacia ti,
y más si te preguntaba
¿cuándo nos vamos a ir?

Me mirabas en silencio
y yo no lo supe ver,
que tú sangrabas por dentro
al dejarme allí, mujer.

Me engañaron como a un niño
y me encerraron allí,
cuando me quise dar cuenta,
¡madre!, ya no te vi.

Atravesé los pasillos
con tal desesperación,
encontrándote, madre mía,
dando suelta a tu dolor.

Te grité «¡madre traidora!
¡nunca te perdonaré!».
Me agarraron por los brazos
y me dejaron caer
allá dentro, hecha pedazos.

Me sentí abandonada
allí tan lejos de ti,
nunca pude imaginarme
que, a veces, ibas allí.

Que seguías mis progresos,
allá en mi lenta agonía
y mirabas en silencio
a tu atormentada chiquilla.

Seguías todos mis pasos,
esto yo no lo sabía,
pues la mirilla secreta
de mi vista te escondía.

Imagino tu dolor,
tu pesar y tu agonía
al contemplar un pedazo
de tu carne, ¡madre mía!,
hecho jirones y roto
por las cosas de la vida.

Sentimiento

Campanas suenan amargas,
mi corazón destrozado,
el hijo de mis entrañas
al servicio se han llevado.

Por levantar al caído
de intereses se despoja,
el hijo de mis entrañas,
voluntario en la Cruz Roja.

PERDIDA

Te busco, no te encuentro,
¿existes o eres una ilusión?
Fantasía de mis sueños,
que me ayudan a vivir
liberando el pensamiento.

Sentimiento
perdido en lo más hondo.
Pozo sin fin, silencio,
búsqueda de lo que anhelo.

Agonía de algún sueño,
¿fantasía o realidad?
Soledad es lo que tengo,
estás conmigo y sin mí.

¿Estás vivo o estás muerto?
Donde quiera que te encuentres,
eternamente te espero.

NOCHES DE MI VIDA

Noches de mi vida
que nunca se acaban,
negros nubarrones
mis pasos acompañan.

Senderos de espinas,
de puertas cerradas,
cortan mi camino
hacia la esperanza.

Mundo que aborrezco,
no me has dado nada,
siempre me robaste
lo que más amaba.

Madre que no tengo,
padre que me olvida,
hermanas e hijos
tienen propia vida.

Hiena que en la noche
mis sueños devoras,
robando el descanso
a mi alma soñadora.

Soñando en la noche
me creo verdades,
el día las rompe
con sus realidades.

Me cansa la vida,
me pesan los años,
¿quién cura esta herida?
Me estoy desangrando.

Me siento vacía,
me encuentro cansada,
¿dónde está el camino?
Quiero paz y calma.

Muerte que de niña
siempre me aterrabas,
ahora soy tu amiga.
Ven, que estoy cansada.

CON LA MUERTE EN EL ALMA

Destilando amargura
por los cuatro costados,
arrojando la bilis
que la vida me ha dado,
voy buscando la calma.

Entre sombras de duda,
si me voy o me quedo,
me atan fuertes cadenas
y romperlas no puedo,
se oscurece mi alma.

Abandono la casa
con la hiel en los labios,
unas frases hirientes
en mi pecho han clavado,
y además amenazas.

Por las calles desiertas
voy buscando consuelo,
con el llanto en los ojos
y una fosa en el suelo.

Qué oscura es la mañana.
Se me va el pensamiento
por las verdes praderas,
descansar para siempre
este día quisiera.

Siento muerte en el alma.
A lo lejos diviso
un castillo olvidado
que, en mis juegos de niña,
tantas veces pisado,
primavera lejana.

Bordeando las piedras
de la vieja muralla,
pajarillos que vuelan
y los miro extasiada,
libertad tan soñada.

Con los ojos cansados
y una daga en el alma,
contemplando su vuelo
la tristeza me embarga.

Prestadme vuestras alas.
Que me quiero marchar
y volver no quisiera,
que no aguanto ya más,
quiero verdes praderas.
¡Dios mío! Estoy cansada.

SOL DE AMOR

Tibio sol de la mañana
que calientas la materia
en esta hora temprana
en que me fallan las fuerzas
y despertar no quisiera.

Sol de amor que cura heridas,
resplandor de las estrellas,
culminación de una vida,
culminación de mi vida,
que va dejando su huella.

Sol de amor y de esperanza,
vida de principio a fin,
en esta triste mañana
solo te quiero pedir
que cuando suenen las campanas
y yo deje de existir,
el aura que me acompaña
se instale cerca de ti;
que teniendo caliente el alma
no será tan triste el fin.

FRASE

«He pasado por la senda de la vida,
en mi juventud muerta
y en la madurez me siento viva».

Porque te gustó esta frase
te la quiero dedicar,
porque quizá ella encierra
tu verdad y mi verdad.

Porque recuerdo los ratos
que juntas hemos pasado
y aquellos buenos consejos
que algunas veces me has dado.

Cuando la rebeldía y la rabia
que los demás provocaron
rugían fuerte en mi pecho
como un león enjaulado.

Y porque así agradezco
la paz que a veces me ha dado,
a Ana esta frase dedico
porque sé que le ha gustado.

A MI HIJA

A veces yo me pregunto
si educo bien a mi niña,
porque le doy rienda suelta
en su paso por la vida.

Tú que velas desde arriba,
tú que comprendes mi pena,
tú sí sabes, madre mía,
por qué la dejo tan suelta.

Que aprenda a vivir su vida,
que se desprenda de mí,
que nunca llegue a sentir
la amargura que viví.

Estaba a ti tan pegada,
dependía tanto de ti
que quedé desorientada
sin saber dónde ir.

Fui rodando por la vida,
fui dando palos de ciego,
soportando vejaciones,
amargura y desconsuelo.

A veces yo me planteo,
madre, quiero descansar,
cómo es posible aguantar
sin llegar a reventar
nuestro paso por el mundo.

Un hombre vino y me dijo:
«Tienes una luz muy grande,
vas por el cuarto escalón
y tienes que conformarte.
Tú has venido a la Tierra
a cumplir una misión,
carga con tu cruz a cuestas,
sufre con resignación».

Pero al fin me rebelé
y he podido levantarme.
En mi sendero encontré
gente que quiso ayudarme.

Esa luz no alumbraba nada,
quiero dejar las tinieblas,
no quiero seguir a oscuras.
Solo soy una mujer
con su carga tan pesada
camino a la sepultura.

El hombre volvió y me dijo:
«Tu luz es resplandeciente,
mas te tocó a ti perder,
no queda más que aguantarte».

Mas yo, pensándolo bien,
creo que quiso aplacarme
defendiendo su interés,
olvidándose de mí,
aunque yo me desgarrase.

MARÍA HUERTAS LÓPEZ PÉREZ

DEJAD JUGAR A LA NIÑA

Dejad jugar a la niña,
dejad que se suba al árbol
y revolotear en él
igual que un pájaro alado,
que posada entre sus ramas
se forje un mundo soñado.

Dejad jugar a la niña
y no quitéis de sus manos
ese puñado de piñas
que del pino fue arrancado,
para guardar un tesoro
en su caja de zapatos.

Dejad jugar a la niña,
dejad que siga jugando,
pintará de purpurina
en plateado y dorado
ese tesoro que guarda
—un tesoro imaginario—,
que esconderá entre las piedras
allá en el monte cercano.

Dejad jugar a la niña,
que no la dañe el pasado,
que no mate su inocencia

el recuerdo de unos años
que preñados de injusticias
a sus padres fue marcando.

Dejad jugar a la niña,
que suba al monte cercano,
que sueñe que es dueña de todo
lo que pasa por su lado:
el cielo, el sol y las nubes,
la brisa, el viento, los pájaros.

Dejad jugar a la niña,
dejadla seguir en lo alto,
que lo que tiene allá arriba
le hará olvidar lo de abajo.

El entorno que le rodea
del cual pasaría de largo,
pues lo que aquí se ha dejado
sabe a hiel y es muy amargo.

Dejad jugar a la niña,
que callen esos vecinos
que su inquietud no comprenden
y con palabras como espinas
van inculcando a la madre
que no es normal esa niña.

Dejad jugar a la niña,
que, con su mata de pelo,
corriendo por la campiña
sueña que es dueña del mundo
con su tesoro de piñas,
que no la dejan vivir
esas aves de rapiña.

Dejad jugar a la niña,
dejad que enjugue su llanto,
el llanto de la injusticia
que, a veces, deja olvidado
y corre por la campiña
como potro desbocado,
para llegar a su reino
allá en el monte cercano.

Dejad jugar a la niña,
que no crezca,
que aprenda apenas nada,
que lo que ha de vivir
desgarrará su garganta
con un llanto tan amargo
que le hará derramar los golpes
que la vida le irá dando.

Dejad jugar a la niña,
que no se acuerde de nada,
que su pelo va pasando
del negro a la blanca escarcha
y en sus sienes se adivinan
dos bellos ríos de plata,
que crea que todo fue un sueño
que trajo la madrugada.

Dejad jugar a la niña,
que no la atrape el pasado,
que entre pasado y presente
todo lo encuentra liado
y con risas de demente,
entremezcladas con llanto,
se rebela amargamente.

«Si no tengo buen futuro
y fue tan cruel mi pasado,
no me robéis el presente».
Dejad jugar a la niña,
dejad que enjugue su llanto.

A MI NÉSTOR

Escorpio tiene por signo,
a mí la sangre me irrita.
Descarado, el muy ladino
casi la vida me quita.

Quisquilloso como él solo,
con todo el mundo se mete,
poniendo cara de palo
a Carmelo lo enloquece,
lo mosquea sin decoro.

Cuando todos nos cansamos
de aguantarle canalladas
y se nos cruzan los cables,
al ver llegar las guantadas
el muy ladino se abre.

Más negro que una morcilla,
a la calle se va presto,
a todo el mundo le chilla
con su cara de tortilla
el sinvergüenza de Néstor.

Las quejas me dan a cientos,
los disgustos a porrón.
Hijo de mi corazón,
deja de darnos tormento.

Pero cuando está durmiendo
le acaricio con ternura.
Tiene la cara muy dura,
pero es mi hijo pequeño.

MARÍA HUERTAS LÓPEZ PÉREZ

EL PILLO Y EL SINVERGÜENZA

A dos que, en una pelea, un brazo se lesionaron
y ni un pelo se tocaron.

Yo que paso la mañana
rogando que llegue pronto
la hora de irme al cole
para olvidarme de todo.

Me vinieron a buscar,
la cuestión me van contando,
el pillo y el sinvergüenza
los dos se estaban zurrando.

Qué susto me dieron, madre,
de allí salí cabalgando,
a los dos encontré
con un brazo lesionado.

Todos salimos corriendo,
en urgencias aterrizamos,
allí en la sala de espera
los estuve interrogando.

Yo me quería enterar
de qué les había pasado,
pero los dos me riñeron
contra mí confabulados.

Aquello que les pasara
no me querían contar,
por si los que allí estaban
se pudieran enterar.

Juntos pasaron el rato,
a mí sola me dejaron,
y descubrí con ternura
que se estaban consolando.

Después de mucho esperar,
a los dos me los curaron,
a casa volví con ellos
con un brazo escayolado.

El porqué de su pelea
no me han querido contar,
aunque sé que su mosqueo
un armario fue a pagar.

Y cada vez que pregunto,
por enterarme de algo,
los dos se miran y callan
contra mí confabulados.

Jura de bandera

No es que yo crea o no crea,
ni que deje de creer,
o que el jurar la bandera
no lo llegue a comprender.

Pero sí puedo entender
mis sentimientos de madre
y que no pueda evitar
el llegar a emocionarme.

Viendo a ese hijo mío
pasar delante de mí,
agotado, fatigado,
luchando por resistir
el sacrificio tan grande
que impone la obligación,
de estar tantísimas horas
ensayando la instrucción.

Cuando pasó, todo erguido,
me miró de refilón,
quizá captara el abrazo
que su madre le mandó
y el llanto, como un torrente,
que mi emoción derramó.

No es que yo crea o no crea,
ni que deje de creer,
o si en algo mi presencia
le pudo fortalecer.

Ya ni siquiera importan
aquellas horas de pie,
el esperar todo el rato
para besarle después
y poder darle el abrazo
que allí dentro le mandé.

No es que yo crea o no crea,
ni que deje de creer.

A MI HIJO

Te regué con sangre de mis venas,
te parí entre desgarros y lamentos
y hoy no cabe en mi corazón más pena
al sentir cómo te estoy perdiendo.

He luchado por darte en esta vida
todo lo que la misma vida te negaba,
un hogar, un padre, una familia
y, cada día, pedazos de mi alma.

He velado tu sueño si dormías
y he llorado si no estabas en tu cama,
murmurando «¿qué será de mi Carmelo
si la noche le tiende una emboscada?».

Hoy se viste mi alma de amargura
al verte rodar por la pendiente,
engullido por la ola de locura
que está arrasando tantos niños inocentes.

Como madre te aconsejo y me rebelo,
tus insultos recibo como pago,
sangra mi corazón cuando me dices
que la muerte es lo que estás buscando.

No machaques la vida que te di,
no destruyas mi labor de tantos años,
no vistas de luto mi presente,
ten piedad, hijo mío, de mi pasado.

Si la luz de tu vida se apagara,
mi castigo sería demasiado,
lucha por salvarte, sal del hoyo
en el que la sociedad te está enterrando.

Cuando te hablo y quiero darte luz,
de mi boca salen rayos y centellas,
no hagas caso porque por ti daría
hasta la última gota de la sangre de mis venas.

MALDITA SEAS, DIABETES

Si la sangre de mis venas
yo me pudiera sacar,
la metería en tu cuerpo
para poderte curar.

No hay agonía más grande
que ver a tu hijo sufrir
y no poder ayudarle.

Qué amargas las madrugadas
si no te siento llegar,
sabiendo que estás deshecho
y no quieres vivir más.

Desgarros siento en el alma
al ver minarse tu vida
y no saberte dar calma.

En ese rincón tirado,
sin ganas de despertar
por no ponerte el pinchazo.

Me acerco hacia ti, despacio,
y escucho con atención
si aún te late o se ha parado
ese pobre corazón.

Va pasando la mañana,
el mediodía y la tarde,
siento el alma desgarrada.

Y me decido por fin
a traspasar el umbral
de ese, tu sueño maldito,
tienes que comer, hijito.

Llegó el momento temido
de tu amargo despertar
y tu odio contenido.

Cual si un terrible huracán
me golpeara en la cara,
clavas en mí, con pesar,
tus ojos como dagas.

Con gran rabia me gritas
que no quieres despertar,
siento una pena infinita.

Llenándome de coraje,
yo te obligo a despertar
y empieza la gran batalla,
y cada día es igual.

Que tienes que alimentarte,
hijo de mi corazón,
y antes tienes que pincharte.

Y te embarga la locura
y atacas como un león,
llenándome de amargura,
destrozas mi corazón.

Diabetes, maldita seas,
te estás tragando a mi hijo,
eres veneno en sus venas.

Virgen del Amor Hermoso,
la palidez de su cara,
la delgadez de su cuerpo,
mi hijo se hunde en un pozo.

Qué lentos pasan los días,
qué cruel enfermedad,
Dios, me embarga la agonía.

Y las horas van pasando
con su cruda realidad
y él morir se va dejando,
y no quiere despertar.

Cómo podría ayudarle,
a veces, desesperada,
hasta le llamo cobarde.

Y le ataco sin piedad,
él se revuelve al insulto,
quizá le pueda ayudar
a que salga del sepulcro.

Se retuerce como loco
y ataca desesperado,
vete que no te conozco.

Ya con el miedo en el cuerpo,
yo le intento comentar,
hay otros que están muriendo
y no se van a salvar.

Que no es lo tuyo tan grave,
si solo son tres pinchazos,
hijo mío, déjame ayudarte.

Si quieres me pincho contigo
y así comparto tu cruz,
Dios, qué grande es mi castigo,
Señor, llénanos de luz.

Y van pasando los días
y ese cuerpo tan delgado
va perdiendo su energía.

Si yo tuviera en mis manos
el poder de la verdad,
poder darte mi energía
y coger tu enfermedad.

O fuera inteligente
y pudiera traspasar
las barreras de tu mente.

O fuera como morfina
para tu carne dormir
y esos odiosos pinchazos
no los pudieras sentir.

Hasta la vida daría
por ver de nuevo en tu rostro
algún gesto de alegría.

Un año llevo, hijo mío,
sin ver la risa en tu boca,
perdido como un navío
te van tragando las sombras.

Tus hermosos veinte años
marchitos como claveles
que el tiempo los va secando.

Y me abandonan las fuerzas
cuando llega el nuevo día,
y he de volver a la carga,
y he de ver tu agonía.

Cristo Dios, ten compasión,
pon en mi boca palabras
que alcancen su comprensión.

Yo sé que es una utopía
que te llegues a curar,
mas yo mi vida daría
si te pudiera salvar.

Hijo mío de mi sangre,
si solo vivo por ti,
qué diera yo para ayudarte.

EL SINVERGÜENZA

Tengo un hijo sinvergüenza
que no quiere trabajar,
que sirve de voluntario
en la Cruz Roja del mar.

Discutimos a diario,
sin control ni disciplina,
me saquea el monedero
para comprar gasolina.

Le compramos una moto
hará cosa de dos años
y de tanto reformarla
la tiene hecha un cacharro.

La mecánica estudió
cuando era chavalillo,
acudiendo a los talleres
sin apenas mirar un libro.

Con lo poco que aprendió,
pues apenas estudiaba,
se pasa las horas muertas
con la moto desmontada.

Cuando no se rompe el chasis,
se ahoga el carburador,
o se le pasan los frenos,
o se le para el motor.

Se me pasa en la Cruz Roja
todas las horas del día
y, si surge una emergencia,
acude con valentía.

Cuando menos me lo espero,
el teléfono que suena,
que no lo espere a dormir
que en la Cruz Roja se queda.

Si discutiendo me altero
y le digo que trabaje,
me responde, el cara dura,
con su rústico lenguaje,
que para qué quiero yo
que se ponga a trabajar,
si tiene la mili tan cerca
y el rollo le van a cortar.

Con su amiga Marina
se presentó una tarde,
a preparar bocadillos
de pan, aceite y tomate.

Me dieron la explicación
de por qué los bocadillos,
pues sus pobres compañeros
aún no habían comido.

Al parecer, se encontraban
seleccionando la ropa
que la gente solidaria
entregaba a la Cruz Roja.

Entonces sugerí
que hicieran unas tortillas,
pero no me hicieron caso,
pues tenían mucha prisa.

Preparando bocadillos
con su amiga Marina,
me liaron un potaje
que clamaba la cocina.

Después cogieron la moto
y se marcharon zumbando,
compadecí a Marina
por los saltos que iba dando.

Yo, reclinada en la esquina,
les miraba complacida,
voluntario de la Cruz Roja
es el hijo de mi vida.

EL INOCENTÓN

Huyendo de mi Carmelo
que me tenía amargada,
cómo esconder el dinero
como loca me preguntaba.

Dónde escondería las perras
para que no me las mangara,
escondida entre papeles,
entre poesías mezcladas.
Seguro que no sabrá
dónde las tengo guardadas.

Qué fracaso me llevé
cuando volví de la calle,
en las poesías busqué
y ya ni un duro quedaba.

Qué asco y qué desconsuelo,
dónde meteré los cuartos
para que no dé con ellos.

Pensando desesperada,
buscaba algún rincón
donde no las encontrara.

En el armario, no puedo,
que siempre lo saqueaba,
ni escondido entre las figuras,
ni entre los libros, ni nada.

¿Y debajo del colchón?
¿Y si acaso congeladas,
en una bolsa de plástico
con las verduras mezcladas?

Pero no había solución,
porque hasta allí lo encontraba
y después no le preguntes,
porque él no sabe nada.

Qué desidia, madre mía,
dónde esconderé los cuartos
para que no me los mangue
este hijo del diablo.

Pensaba desesperada,
si acaso en una maceta
estaba segura la paga.

Puede que la solución
sea algo disparatada,
pero quizá con los años,
si la maceta regaba,
en vez de dar verdes tallos
billetes verdes brotaran.

Y aunque parezca de locos
esta historia exagerada,
estas son las desventuras
de una madre arruinada
porque el borde de su hijo
el dinero le mangaba.

EL GOLFILLO DE MI CASA

De mi hijo Carmelillo
ahora me toca hablar,
él tiene cara de pillo
y no le gusta estudiar.

Tras el quiosco del barrio
se esconde para fumar,
se hace el disimulado
cuando le vas a pillar.

Si tiene magia en las manos
yo me suelo preguntar,
la colilla del cigarro
nunca la puedo encontrar.

Se me despista de noche,
allá en la madrugá,
siempre me tiene sufriendo,
cuántos disgustos me da.

Al no poder conseguir
que dejase de volver tarde,
tomé la resolución
de recogerle las llaves.

Le pusimos un horario,
más o menos aceptable,
que si no lo respetaba
se quedaría en la calle.

Desperté de madrugada
para mi sed apagar.
Su cama estaba vacía,
cuánto me pude asustar.

Me pasé la noche en vela
y pensaba, preocupada,
si yo le quité las llaves
por dónde se me escapaba.

Me dormí sin darme cuenta
sobre la mesa apoyada.
Cuando por fin desperté,
el tío estaba en su cama.

Le acosamos a preguntas
para ver si nos soltaba
por dónde solía irse
las noches que se escapaba.

Pero por más que insistíamos
el tío ni prenda soltaba,
hasta que al fin descubrimos
que se iba por una ventana
y, subiendo la escalera,
se plantaba en la terraza.

Como un gato en las aleras
el tío se descolgaba
y, tocando tierra firme,
se marchaba de jarana,
pasando noches en vela,
volviendo de madrugada.

Le cogimos el tranquillo,
le cerramos la ventana
y al volver de su aventura
en el patio se quedaba.

Tirando la puerta a golpes
nos levantó de la cama.
Le echamos un rapapolvo,
su cara se sonrojaba.

Ya han pasado algunos años
y siguen sus travesuras,
a ver si se formaliza
y se deja de aventuras.

Y como todos son hijos,
a todos quiero lo mismo,
a unos les llamo sinvergüenzas
y a otros les digo pillos.

Pero el amor que les tengo
supera todo problema
y cuando me dicen madre
desaparecen mis penas.

LÁGRIMAS

Lloro por ti y por mí,
porque no supe cuidarte
y aunque todo te lo di,
por ciega y por ignorante,
tantas faltas cometí
que hasta llegué a destrozarte.

Lloro por ti y por mí,
eres sangre de mi sangre
y en tus días apagados,
cuando baja la marea,
me tratas cual enemiga
y me escupes mis pecados.

Lloro por ti y por mí,
porque cargué con mi cruz
queriendo ser padre y madre,
y perdí mi juventud
con trabajos esforzados,
y hoy me clavas tus reproches
cual dardos envenenados.

Lloro por ti y por mí,
porque perdí media vida
tratando de subsistir
y no pude ayudarte.
Ahí me cultivé y aprendí,
en una escuela de adultos,
¡cuántas cosas descubrí!

Lloro por ti y por mí,
hoy que aumenta mi creciente
todo te lo ofrezco a ti.
Nacer de nuevo quisiera
para poder ayudarte,
atacando como una fiera
gritas que no tienes madre.

Lloro por ti y por mí,
porque mi vida se apaga,
está llegando a su fin.
Hoy estás lleno de heridas,
tu llanto cae a raudales
quemando como cal viva.
Perdona por ser yo tu madre.

Una madre agradecida

Cuando salí de mi tierra,
volví la cara llorando
porque lo que más quería
atrás lo iba dejando.

Así decía el cantor,
yo le escuchaba temblando,
era tan solo una niña,
han pasado tantos años…

Avatares de la vida,
tan fuerte me han golpeado,
con ellos me identifico
vertiendo sangre en el llanto.

No viene al caso contar
por qué he llorado tanto,
es tan solo calentar
para ir así entonando.

Por razones que me callo,
porque no vienen a cuento,
fui de mi casa expulsada
con orden de alejamiento.

Mis hijos se devoraban
día y noche, a todas horas,
el alma me desgarraban,
enganchados por la droga.

Los vecinos se quejaban,
llegaba la policía
y los del piso de abajo
me insultaban y agredían.

Si yo solo soy la madre,
Señor, qué culpa tenía,
me estaban volviendo loca,
qué infame la vida mía.

Un día, desesperada,
me fui a comisaría,
la vecina me siguió,
vertiendo tantas mentiras…

Mi mente se desbordó
ante tanta crueldad,
le dije desesperada:
«Que te tengo que matar».

De pronto aquellos señores,
que su atención me prestaban,
saltaron como un resorte
y, sin más, me vi esposada.

En la cara de la extranjera
una sonrisa camuflada,
ya no tenían testigos
en el burdel de su casa.

Después llegó lo demás,
juicio rápido, condena,
yo tan solo era un número,
nadie comprendió mi pena.

Me despojaron de todo,
de la casa y la pensión,
pues para poder pagar
mis deudas a la injusticia,
se me tragaron los bancos
tantos años de mi vida,
que aún hoy sigo pagando.

Pidiendo al Señor consuelo,
con una pena infinita,
arrastro los pies por el suelo
buscando a sor Bernardita.

Desesperada rogué:
«Ayúdame, por favor,
porque no sé lo que hacer,
pide por mí al Señor.

Me tratan de delincuente,
no tengo casa ni paga».
Me dio refugio en sus brazos,
mientras mi llanto secaba.

«No te preocupes», me dijo,
«voy a llamar a sor Juana»,
y en menos que canta un gallo,
aquí en Murcia me encontraba.

Al ocaso de mi vida
encontré una nueva ruta,
en su casa me acogieron
las monjitas de Calcuta.

Misioneras de caridad
para acoger al caído,
desplegando su bondad
a mi corazón herido.

Sus consejos escuché,
mas al pronto no entendía,
el odio me devoraba,
mi vida estaba vacía.

Me costaba perdonar
y de noche no dormía,
Señor, mis hijos, mis nietos
y mis hermanos queridos.

Y, sobre todo, aquel hijo,
clavado como una espina,
atrapado y poseído
por la odiosa cocaína.

En mi corazón el odio,
la rabia, la rebeldía
y en mi interior una guerra
de venganza se cocía.

Que mi querida sor Juana
con firmeza corregía,
mano de hierro y de seda,
pero yo no lo entendía.

Entre penas y alegrías,
los días fueron pasando
y las monjitas un día
a un centro me acompañaron.

El sitio, Proyecto Hombre,
de mi hijo les conté,
después un señor me dijo:
«Todo depende de él».

Aquel día de verano,
a visitarme vinieron
mis hermanas y cuñados,
y un regalo me trajeron.

Un hijo tan transformado
que apenas reconocí,
Señor, cómo está de guapo,
mi hermana decía así:

«Mira que te lo he cuidado,
yo ya no puedo hacer más,
hay que buscar algún sitio
donde le puedan tratar».

Y con él volví al proyecto,
empezamos el camino,
y qué os puedo contar
que no hayamos ya vivido.

Sois la luz en las tinieblas,
sois camino por andar,
sois quien tiráis de mis riendas
si me llego a desbocar.

Sois manantial de agua pura,
que purifica mi vida,
aplacando la locura
que mi mente retorcía.

Estáis salvando a mi hijo,
a eso no le encuentro nombre,
solo sé que Dios bendijo
a todo el Proyecto Hombre.

Y pido a Dios por vosotros
con todo mi corazón,
bendita sea la hora
que aquel juez me condenó.
Cambió mi vida del todo
y a mi hijo lo salvó.

MI NIETA

Cuando supe que llegabas
a este mundo tan cruel,
quise buscar soluciones
para no verte nacer.

Pero quiso el Redentor
que un mes de junio nacieras
y hoy eres toda mi vida,
mi nietecilla pequeña.

Se agobió mi corazón
al saber de tu llegada,
por la triste situación
en que tu madre se hallaba.

Sentí temor y vergüenza
por el decir de la gente,
pero quiso el Redentor
conmigo ser indulgente.

Pues con su sabiduría,
puso en ti tal distinción
que yo jamás vi una faz
con tanta gracia y candor.

Quiso el Misericordioso
que de tal gracia nacieras,
con una pestaña rubia
y con la otra muy negra.

Con esas mechas de oro
que te adornan la cabeza
y que son la admiración
y el orgullo de tu abuela.

En cuanto a los comentarios,
pues que digan lo que quieran,
que tú encuentras en mis brazos
madre, amiga y abuela.

Mas cuando vienen a verte,
yo no sé con qué intención,
le digo a toda la gente
llena de orgullo y amor:

«¿Habéis visto cuánta gracia
puso el Señor en su cara,
con una pestaña tan negra
y la otra rubia clara?».

Y cuando abrazo tu cuerpo
tan frágil y tan pequeño,
profundizo en mi interior
llena de remordimiento.

Pidiendo perdón a Dios
por rechazar tu llegada,
en aquel triste momento
en que la pena me ahogaba.

Hoy te amparo entre mis brazos
llena de orgullo y amor,
hija de madre soltera,
nieta de mi corazón.

A MI NIETO

Querubín de querubines,
eres ramito de estrellas,
la alegría de esta casa
con perfume de jardines
y los ojos como perlas.

Llegaste un día a esta casa
por capricho del destino
y cada hora que pasa
te quiero más, pequeñino.
Jonatan, qué cosas pasan.

Hijo de una flor morena
y de un clavel perfumado,
si tú me quitas las penas
con tu cara de azucena
y tus ojos almendrados.

Si el cielo se entristeciera
y se apagara su luz,
con una mirada tuya
se ilumina todo,
pues resplandor eres tú.

A ANA LA TENDERA

Hay que ver con la paisana,
esa que llaman Anita,
los potajes que se monta
con las ofertas de la DIGSA.

Si es que buscas detergente
para la ropa lavar,
tú quieres llevarte Ariel,
ella te mete Dixan.

Mas si buscas un bizcocho
de esos que hay en oferta,
seguro que se han acabado
y ella te mete galletas.

Y como yo las ofertas
nunca las puedo pillar,
le protesto y me responde
con su gracia natural:

«Pa pillar las ofertas,
tenemos que madrugar».
Yo me quedo pensativa
con ganas de contestar:

«A ver si para poder pillar
el chollo de las ofertas,
tenemos que pernoctar
toda la noche en tu puerta».

Anda paisana, le digo,
tú no necesitas saber
las técnicas que se enseñan
sobre el arte de vender.

No te preocupes que tú
no precisas aprenderlos,
además, te sobran leyes
para enseñarles a ellos.

Pues si vamos a tu tienda
para buscar condimento,
si no te queda Avecrem
nos colocas un pimiento.

Si acaso tenemos prisa
para una cosa comprar,
si vas a casa de Anita
anda que estás arreglá.

Con su charla contagiosa
y su gracia natural,
se maneja la manera
de llevarnos a todas liás.

Si a una pesa la fruta,
a otra corta fiambre,
a todas nos lleva a medias
para que nadie se escape.

Y ya para terminar
esta loca letanía,
diré que en casa de Ana
me tratan como en la mía.

A MI MAESTRA

Siento la necesidad
de decir esta mañana
unas palabras de elogio
a mi profesora Ana.

A la escuela para adultos,
donde vamos a aprender,
al comenzar este curso
a integrarme me negué.

Como soy muy sentimental
y también bastante terca,
me negué a participar
al cambiarme de maestra.

Me invitaron a subir
un día a la asociación,
donde se daba una charla
sobre el tema «depresión».

Alguien que no conocía
era quien la charla daba,
llamándome la atención
por lo bien que se expresaba.

Atacaba con gran fuerza
contra la marginación,
sin saber que era maestra
me causaba admiración.

«¿Quién será esa que habla?»,
me preguntaba intrigada,
con su cola de caballo
y esa ropa estrafalaria.

Me sentí identificada
con algo que dijo:
por no volver a su casa
le daba la vuelta al piso.

Quién no ha sentido algún día
esa gran necesidad
de escaparse de su casa
y, como un ave, volar.

Volví de nuevo al colegio,
como una oveja perdida,
y me siento muy feliz
de tenerla como amiga.

Nos trata con gran cariño
y con mucha suavidad,
tiene mucha paciencia
a la hora de enseñar.

Y como los meses vuelan
y el curso toca a su fin,
me lamento tristemente
por las clases que perdí.

Mas quiero pedirle ahora
que no me tenga en cuenta
el no asistir a sus clases
al cambiarme de maestra.

Viaje de las amas de casa

El viaje ya terminó,
hemos pasado un buen día
y de toda esta aventura
ha salido esta poesía.

En bus nos fueron llevando
a un lugar desconocido,
nos íbamos preguntando
en qué lío nos hemos metido.

Como el tío de las mantas
vio que estábamos atentas,
se frotaba ya las manos
viendo futuras clientas.

No le importaba si éramos madres,
chachas o abuelas,
el tío lo que quería
era sacarnos las pelas.

Con la charla que nos dio,
acabamos mareadas,
después, para despejarnos,
nos mandaron a la playa.

Había un burrito adornado
en aquel camping de Gandía
y nos miraba diciendo
«amigas, vaya metía».

Después, tras largo paseo,
nos sirvieron la paella
y un gran plato de ensalada;
quedamos muy satisfechas.

Una aceituna quedó sola,
la de la vergüenza,
se la lancé sin pensar
a mi compañera de mesa.

Qué bochorno que pasé,
se la tiré a palo fijo
y cayó en su regazo
como buscando cobijo.

Si es que pensó la aceituna
que de esta se iba a librar,
se equivocó porque Ana
se la tragó sin pensar.

Así pasamos el día,
con agradables recuerdos
ya que el tío de las mantas
acabó vendiendo pañuelos.

RECUERDO AL MAESTRO

A José, poeta admirado,
yo dedico estas palabras.
Sé que me estás escuchando,
que sepas que aquí en el barrio
también tu falta notamos.

Cuántas veces me contabas
recuerdos ya tan lejanos
que yo ni había nacido.
Cuántas historias del barrio,
guiada por tus relatos,
pienso que las he vivido.

Yo sé cuánto me apreciabas
y yo también te quería,
nunca me dejaste pasar
sin leerme tus poesías.

Cuando al llegar a tu puerta
un saludo te mandaba,
levantándote me decías:
«Ven, siéntate aquí, muchacha,
léeme lo que has escrito,
cuéntame tus pensamientos
que yo te contaré los míos
si tú me dices los tuyos».

Cuántas tardes de mi vida
he podido disfrutar
con las historias del barrio
que me solías contar.

Yo me extasiaba escuchando
y cuánto me deleitaba,
con qué gozo yo vivía
lo que tú me ibas narrando.

Cuánto se nota tu falta,
cuánto te echo de menos.
Cuando paso por tu puerta,
mi saludo se entristece
porque allí no estás, maestro.

Y cómo voy a extrañarte,
sobre todo en los veranos.
¿Quién me va a contar ahora
historias de nuestro barrio?

Cuando sentada en tu puerta,
se me pasaban las horas
entre relato y relato,
sin apenas darme cuenta.

Dolores, tu compañera,
siempre nos acompañaba
y qué corta se me hacía
entonces la madrugada.

Cuánto duele que tu esposa,
cuando por tu puerta paso,
pregunte si aún recuerdo
cuando al pasar me parabas
y, no dejándome marchar,
tus poemas recitabas.

Cuántas palabras hermosas,
cuánta sencillez y encanto,
qué poemas más divinos
a la Virgen del Calvario.

Cuánto notará tu falta,
¡ay!, qué pena tan inmensa,
¿quién le cantará a la Virgen
cuando se pare en tu puerta?

José, maestro querido,
José, vecino apreciado,
que el Señor te dé su paz
ahora que estás a su lado.

Y con empeño te ruego
que le pidas por mi alma,
que, aunque solo soy una vecina,
también yo lloro tu marcha.

Y cuando venga el momento
de que me llegue a mí el día,
quisiera volver a verte
para escuchar tus poesías.

AL ALCALDE

En el fondo de mi alma
llevo una espina clavada,
por alguien que hizo un vacío
a mi poesía premiada.

Es por esto, José Antonio,
que te escribo este poema,
así me saco la espina
y se mitiga mi pena.

Si alcalde eres de todos,
porque muchos te han votado,
no margines de tu pueblo
al barrio de Lo Campano.

Saliste a felicitar
a las poesías premiadas,
de Lo Campano, sin embargo,
pasaste sin decir nada.

A mí me hirió ese detalle,
alcalde de Cartagena,
que viviendo en este barrio
también soy cartagenera.

No muestres indiferencia
por ser un barrio humilde,
ni te fijes si la gente
acá o allá es donde vive.

Que al igual que cardos nacen
entre cuidados jardines,
nacen rosas entre zarzas
aunque tú me las margines.

No te fijes en mi origen,
ni en el barrio en que yo vivo,
que bien puede entre cardos
darse un vergel florido,
teniendo buen corazón
y sentimientos sencillos.

Y por eso, en esta queja,
mi sentimiento te escribo,
que, aunque me crie entre cardos,
sensible y poeta he nacido.

LA VISITA DEL INSPECTOR

Qué susto que nos llevamos
cuando llegó el inspector,
pusimos cara de palo
y nos invadió el terror.

Las mujeres del P. E. P. A.
nos echamos a temblar,
pensando en los trabajos
que nos iba a repasar.

Él se sentó con nosotras,
dialogamos sin parar
y se nos pasó la tarde
sin llegarnos a enterar.

Entre pregunta y pregunta
nos estuvo calibrando
y pienso que nuestro esfuerzo
ha entendido y valorado.

Pues somos mujeres sencillas
que tratamos de buscar
el porqué de tantas cosas
que nos hicieron fracasar.

Mas a pesar del esfuerzo
que tenemos que realizar,
sabemos que el graduado
no nos van a regalar.

Pues es un señor tan recto
que si le pisas el sayo
un expediente te larga
en menos que canta un gallo.

Por eso, ya que sabemos
que el inspector volverá,
tendremos que esforzarnos
cada día más y más.

ALAS DE LIBERTAD

Si no nací para monja,
a mí me gusta la vida,
la del esposo, los hijos,
la familia compartida.

Si yo no escogí mi suerte,
por ella fui elegida,
si vivir así no quiero,
que me estoy quemando viva.

Si desplegando las alas
del pensamiento quisiera,
como el águila real,
volar por verdes praderas.

Hacer mi nido en la cumbre,
escondido entre las piedras,
de aquellas altas montañas
que vislumbro en mis quimeras.

Si tras descargar el alma
del huracán que la azota,
cae fina lluvia de lágrimas
naufragio de vida rota.

Este espíritu rebelde
que, en alas del pensamiento,
vaga por parajes verdes,
viendo vivos donde hay muertos.

Distorsionándolo todo,
lo que veo y lo que siento,
o de aquel que agonizaba,
lo que vi fue su reflejo.

Será que será mi vida
como voz en el silencio,
silencios de gritos mudos,
silencios de gritos muertos.

MI AMIGO

A Juan Bermúdez

Me encuentro aquí, en el colegio,
estando un poco nerviosa,
la charla que vas a darnos
¿tratará de muchas cosas?

Mis sentidos tengo abiertos,
el corazón de par en par,
porque quien nos da la charla
¿qué temas irá a tocar?

Hablará sobre el desarme,
sobre la paz nos va a hablar.
Ojalá y al corazón de todos
sus palabras puedan llegar.

CARTAGENA

Cartagena milenaria,
Cartagena luchadora,
los tiempos que te gobiernan
poco a poco te devoran.

¿Qué están haciendo contigo?
Que, en sus afanes de lucro,
te han llevado, tierra mía,
a las puertas del sepulcro.

Tus sufrimientos nos dañan
y tu agonía también,
Cartagena, tierra mía,
tienes nombre de mujer.

Y como hoy celebramos
de las mujeres el día,
hemos pensado también
en ti, Cartagena mía.

Somos alumnas del P. E. P. A.,
de un barrio muy marginado,
junto a otras mujeres
queremos unir nuestras manos.

Por eso nos rebelamos,
queriéndote dedicar
en el Día de la Mujer
nuestros esfuerzos sin par.

Nuestras risas, nuestros bailes,
nuestras obras de teatro,
por levantar nuestra tierra,
por ti seguimos luchando.

Cartagena que me miras,
Cartagena que me ves,
hoy queremos dedicarte
el Día de la Mujer.

ALAMEDAS

Alamedas del camino
de este, mi triste destino,
si yo no quiero vivir,
que me siento peregrino
y no puedo resistir más
este mundo asesino.

Alaridos de mi alma
que me dañan las entrañas,
eco de mi corazón
que cuando gritas me arañas
y rompes con desazón
la inquietud que me acompaña.

Destino cruel y cobarde
que me obligas a vivir
en este mundo de nadie,
donde solo el corrompido
se lleva la mejor parte.

Vida triste y silenciosa
que pesa como una losa
en mi corazón cansado.
Sentimientos e ilusiones
que, encerrados en mi alma,
se escapan por los rincones
y mi corazón acompañan.

Si me cansé de vivir,
¿por qué esta vida me atrapa?
Amargura que descargo
en este cuaderno amado,
que me ayuda a desahogar
este corazón cansado.

Desierto de mis verdades
que, perdidas en el tiempo,
hacen que me sienta viva
cuando me encuentro cansada.

Viviendo como en esta vida
apenas me queda nada,
porque se me escapó todo
por los poros de mi alma.

COMIDA EN EL BARRANCO

Hay que ver la que se armó
con aquel pollo lorquino,
del cual todos se acordaron
casi al final del camino.

Viniendo hacia Cartagena,
al entrar en San Antón,
la familia dominguera
soltaba una exclamación.

Pues tenía proyectado,
en el barranco de Morfeo,
aquel domingo del año
comerse un pollo campero.

Pero, ¡ay!, desilusión,
que después de preparado
al pobre pollo dejaron
tras la puerta olvidado.

«Y ¿ahora qué hacemos?»,
decía el paisano a su costilla,
«me voy para Lorca volando
que el pollo me está esperando».

Y, descargando a la gente,
se marchó zumbando,
para traernos el pollo
y comerlo en el barranco.

Por fin ha llegado el pollo,
que lo trajo mi cuñado,
vamos a cargar los coches
que está todo preparado.

Agarrando la paellera,
con gran pena observamos
que el cielo se había nublado
y una asamblea formamos.

Para en común decidir,
en vista de lo que pasa,
si nos vamos al barranco
o lo comemos en casa.

Mas el cielo se despeja
y al barranco decidimos,
con retaso de una hora
todos zumbando salimos.

Descargamos los cacharros
y sacamos la paellera,
quién habrá sido la guapa
que se olvidó la rasera.

Vamos sacándolo todo
y las botellas de vino,
que allá aparece mi hermano,
para el fuego, arrastrando un pino.

Juani, María y Elena,
ponerse a la faena
y la pequeña de las hermanas
que a los niños entretenga.

Nos liamos con el pollo,
se nos hizo un poco tarde,
el que efectuó los viajes
dice que ya tiene hambre.

Entre hambriento y enojado,
por lo tarde de la hora,
observo que mi cuñado
su ración se la devora.

Y, encima, todo jocoso,
el que el pollo se ha olvidado
exclamaba el muy gracioso
como si fuera un letrado:
«Por lo bueno que ha quedado,
¡todos quedáis perdonados!».

Yo, que morada y tiznada
casi el pollo no probé
porque atendiendo a los críos
un poco me descuidé,
mirándole de reojo,
me decía para adentro
esto que se me ocurrió
de verlo por fin contento:

«Qué tendrás que perdonar
del lío que hemos armado
si, aunque sea un poco tarde,
medio pollo te has zampado».

Y aunque en clave de broma,
porque así me ha salido,
aquí se acaba la historia
de aquel gran pollo lorquino.

La boda de mi nieta

El día que tú naciste,
del cielo cayó una estrella,
para llenar de alegría
el corazón de tu abuela.

Cogiéndote entre mis brazos,
te acerqué hacia la ventana,
contemplando con ternura
la armonía de tu cara.

Alarmada descubrí
una cosita en la cara,
una pincelada roja
encima de la pestaña.

Dirigiéndome a tu madre,
le comenté alarmada:
«A la chiquilla al nacer
le han hecho daño en la cara».

«Se borrará —respondió—.
Tranquila, no será nada».

Al cabo de pocos días,
la incógnita se resolvió,
esa famosa pestaña
que a tu abuela enamoró

relucía como el oro
si la acariciaba el sol.

Paseando en tu sillita,
yo me sentía alagada,
no había nadie que al mirarte
no se quedase prendada
de esa carita especial
que tu pestaña adornaba.

Grande fue la recompensa
que la vida me entregó,
no eres solo mi nieta,
eres consuelo y amor.

Prudente, linda, discreta,
tus besos mi dicha son,
tus abrazos y consejos
los llevo en mi corazón.

Hoy te casas, nieta mía,
te deseo lo mejor,
que el gran hombre que te llevas
te trate con tanto amor
cual tú das a manos llenas.

¿Que te adora? Ya lo sé,
se te ilumina la cara
cuando me hablas de él.

Felicidad infinita
os desea vuestra abuela,
nunca perdáis la ilusión
que la vida es muy bella.

Que vuestro amor dure tanto
como el brillo de una estrella,
y el calor de vuestros padres
siempre, siempre os proteja.

A LA MUJER MARGINADA

En los barrios más humildes,
donde hay menos cultura,
allí es de donde sale
la sabiduría más pura.

A la mujer marginada
yo le rindo este homenaje,
porque sale de la nada
con valentía y coraje,
en lucha con el marido
que la tiene arrinconada,
porque según su criterio
no servimos para nada.

Aunque dejemos la vida
en los quehaceres de casa
o trabajando por fuera
para que no pasen falta.

Y sobre todo a los hijos,
por quienes te partes el alma
matándote a trabajar,
que no les falte de nada.

Y cuando pasan los años
y te miras al espejo,
descubriendo las arrugas
que en tu rostro puso el tiempo,
te das cuenta de que la vida
se te ha pasado en un soplo,
que ya no te necesitan,
que saben andar solos.

Llenándote de coraje
escapas de tu prisión,
descubriendo nuevas cosas
que agarras con ilusión.

Las escuelas para adultos
y trabajos manuales
son las cosas más bonitas
que han podido organizarse,
pues te enseñan a saber
que no se acabó tu vida,
que tienes cosas que hacer
y acudes con alegría.

Yo he querido participar
en el concurso de poesía,
para dar un homenaje
a la mujer reprimida,
para que luche con fuerza,
con toda fe y alegría,
pues ha llegado la hora
de salir de su cocina.

LA ROSA

Lázaro me dio una rosa
que a tus pies deposité,
madre divina y hermosa.

Entre sus pétalos lleva
lágrimas, dolor y entrega,
y un poquito de ilusión.

Entre sus tallos enredados,
peticiones y humildad.
La sumisión de mi alma,
hágase tu voluntad.

A SOR JUANA

Hoy quiero hablarte de mí,
las gracias te vengo a dar
por enseñarme el camino
que conduce a la verdad,
aunque este sea tan duro
que apenas lo pueda andar.

Por mi cuerpo dolorido
en el duro trabajar,
pisando ríos de piedras
que no se les ve final,
en jornada interminable
hasta casi reventar.

Las gracias te quiero dar
porque trabajar la tierra
en servicio a los demás
por más que me lo dijeran
nunca llegué a imaginar.

Al estar codo con codo
he podido comprobar
el sudor que mis hermanos
han llegado a derramar
por un sueldo miserable,
por un pedazo de pan.

Las gracias te quiero dar
porque al andar los caminos
he podido comprobar
que también son mis hermanos
los que llegan desde allá,
buscando paz y sosiego,
también solidaridad.

Las gracias te quiero dar
porque en mi mundo cerrado
nunca pude imaginar
lo que distintas culturas
me podían enseñar.

De aquel que dobla la espalda
al que le intenta humillar
por su plaza de encargado
o puesto de capataz,
hiriendo con sus palabras
cuando apenas sabe hablar.

Pues aquel que tiene el mando,
al carecer de bondad,
te obliga a doblar la espalda,
no te deja respirar,
va tu cuerpo doblegando
hasta la tierra besar.

Las gracias te vengo a dar
por descubrir en los ojos,
en los gestos y demás
que el hermano maltratado
no se deja humillar,
ya que pasaba por alto
la ignorancia y la maldad.

Las gracias te vengo a dar
porque al caer de cansancio
vi una mano llegar,
tirando de mí hacia arriba
con aquel gesto de paz.

No era la mano de un blanco
la que vino a ayudar,
que se estaban burlando
por mi torpe caminar.

Ahora, cambiando de tema,
también te quiero contar
que me aprendí la lección,
dando ayuda a los demás.

No hay que esperar recompensa,
pues te puedes encontrar
que aquel llegara a morderte
la mano que le dio pan.

DESPEDIDA DEL PADRE ÁNGEL

¿Qué te pensabas, gachón?
¿Que te ibas a escapar
sin escuchar el sermón
que esta te tiene que dar?

Pues has de saber, chaval,
que no me conoces de nada
si crees que te librarás
de escuchar mi serenata.

Aunque estoy distanciada
del barrio y de los amigos,
has de saber que las cosas
me las cuenta un pajarillo.

«¿Sabes que se marcha el cura?».
«¿Y qué? Pues otro vendrá»,
le respondo con soltura
a quien me viene a informar.

«Le van a dar una fiesta».
«Como si quieren ser cuatro».
Me quito de cotillas
en menos que canta un gallo.

Mas, como decía mi madre,
por dentro la procesión:
¿cómo decir que en tu marcha
se me parte el corazón?

Si yo aprendí a ser persona
escuchando tus sermones,
como potro desbocado
iba dando tropezones.

Quizás exagero un poco,
pues bueno, me lo adivinas,
ya sabes que en mis escritos
no existe la disciplina.

Pero tú bien los conoces,
me hacías de secretario,
corrigiendo mis poemas
allá, en el monte Calvario.

Ahora fuera historias,
sabes que estoy bromeando
y disimulo mi pena
como siempre, tonteando.

Pero tengo el corazón
golpeando en campanadas
porque todos os marcháis:
tú, Bernardita, sor Juana
y aquella, mi dulce Adela,
que hoy me anda por Totana.

O está por Lorca, no sé,
ya no me acuerdo de nada,
que recordar es dolor
y a mí me duele tu marcha.

ROSA ENCENDIDA

A las hijas de la caridad
del barrio de Lo Campano

Como una rosa encendida
llegasteis a Lo Campano,
derramando aquellos dones
que Dios puso en vuestras manos.

Yo me encontraba perdida
en la noche del silencio,
como barca extraviada
que nunca llegaba a puerto.

Pero la luz del Señor
desgarró la oscuridad
y como faro en la noche
me guio hasta la verdad.

Y descubrí con vosotras
aquello que no encontraba,
la sencillez, la alegría,
el amor y la esperanza.

Mas de la rosa encendida
un pétalo se cayó
y en la luz de la alborada
hasta Lorca se marchó.

Sentí un desgarro en el alma,
pero pronto comprendí
que la luz que derramáis
no era solo para mí.

Que como espigas de trigo
vais vuestro grano sembrando,
que quedan muchas barquitas
que al puerto aún no han llegado.

Y para felicitarles
los días de navidad,
esta trovera os manda
su cariño y su bondad.

VIRGENCITA DEL CALVARIO

Ya regresó al santuario,
con aromas de romero,
nuestra Virgen del Calvario,
la soberana del cielo.

A la puerta del poeta,
te has parado, madre buena,
y aquellos que no le olvidan
te han recitado un poema.

Hemos seguido subiendo
y, llegando al primer paso,
deslizaste con piedad
tu mirada al campo santo.

Recordando con amor
a nuestros seres amados,
que dejándonos su huella
de nuestro lado marcharon.

Por ello y en su recuerdo,
te pido, madre bendita,
que nunca llegue a apagarse
la luz que brilla en tu ermita.

Y que nos llegue el consuelo
al mirarla desde abajo,
que aquellos que se nos fueron
descansan en tu regazo.

SOLEDAD DEL CALVARIO

Madre de la Soledad,
Virgencita del Calvario,
que disfrutamos de ti
tan solo una vez al año.

Permíteme que este día
te muestre mi devoción
porque tú eres, madre mía,
de todos la salvación.

Venimos a suplicarte,
con plegarias y oraciones,
que al barrio de Lo Campano
colmes con tus bendiciones.

En tu bajada del monte,
de paso solo estarás,
pero en nuestros corazones
profunda huella dejarás.

Te tendremos con nosotros,
qué pena, solo unos días,
hasta llegado el momento
de subirte en romería.

Y si en tu ermita quería,
un día te sientes sola,
ten seguro que nosotros,
no te olvidamos, Señora.

NUESTRA PARROQUIA

A mí nuestra parroquia
me gustaría que fuera
como la madre amorosa
que, con su paz, te consuela.

Sencilla y acogedora,
solidaria y comprensiva,
que al acudir a su encuentro
la sientas como una amiga.

Que en el beso de la paz
pongamos el corazón
y al vernos luego en la calle
nos tratemos con amor.

Que de esta convivencia
saquemos lo positivo
y al llegar el próximo curso
no perdamos el camino.

MARÍA HUERTAS LÓPEZ PÉREZ

BAJADA DE LA VIRGEN

¿Qué te diría yo a ti
que no te haya dicho ya,
en tantos y tantos años
que te vengo a venerar?
Que eres la primera rosa
y también nuestro consuelo,
paloma blanca, Señora,
la soberana del cielo.

Tú, la madre amorosa
de corazón traspasado,
que vio morir por nosotros
a su hijo crucificado.
Aquel que dejó la tierra,
a los hombres, mis hermanos,
el que la vida entregó
por todos nuestros pecados.

Hoy flaquean nuestras fuerzas,
el mundo te necesita,
se nos escapan las riendas,
ayuda, madre bendita.
Hoy llegas resplandeciente
al bajar del santuario,
queremos agradecerte
tu visita a nuestro barrio.

Como ese sol que aparece
tras la nube de verano,
así, madre, resplandece
tu paso por Lo Campano.
La luz que vas derramando
nos viene bien, madre mía,
que a veces la oscuridad
empaña nuestra alegría.

Rogamos con humildad
que consueles nuestras penas,
enciendas los corazones
y desgarres las tinieblas.
Para poder encontrar
ese camino empinado
y las promesas gozar
del Cristo resucitado.

SUBIDA DE LA VIRGEN

Pajarillos del Calvario
haced la corte de honor,
se ilumina el santuario,
para recibir con gloria
a la Virgen venerada,
la guapa, la pequeñica,
la rosa más cultivada.

Ya se pasó la semana,
pero nos dejas, divina,
esa luz y esa alegría,
un camino de esperanza.

Iluminaste el sendero
a tu paso, Virgen santa,
vivo queda el recuerdo
de tu visita, Señora,
cuando los hombres gozosos
bajaron con gran honor
tu trono sobre los hombros
con la Soledad divina,
la madre del Salvador.

En el camino más duro,
de la cumbre hasta los pasos,
donde esperan con amor
las mujeres valerosas
para coger el relevo
y acompañar hasta el templo
a la Virgen más hermosa.

Yo me adelanté un poquito,
no me quería perder
aquella entrada tan gozosa.
Con qué mimo la mecían.

Con cuánto amor la bajaban.
Con qué gozo las mujeres,
al marcharse, la miraban.

Y la misa, qué sencilla.
Cuánta verdad escuché.
Que la Virgen nos visita,
decía con sencillez,
sentado en los escalones,
como el más de los humildes.

Cuánto acrecentó mi fe.
Qué semana tan gozosa.
Cuánta unión entre los barrios,
tantas cosas compartidas.

Y hoy, el día más glorioso,
esa misa en romería,
ese pueblo que te aclama
al gritar con alegría:

¡Que viva la pequeñica!
¡Que viva la Virgen guapa!
Que viva en los corazones
esa luz y esa esperanza,
para que el resto del año
cantemos tus alabanzas.

Paloma esplendorosa

Ya se acerca nuevamente
el día de la pasión,
nos preparamos los fieles
a bajar en procesión
a la dama más hermosa
de los años milenarios,
la paloma esplendorosa,
que es la Virgen del Calvario.

Se va acercando despacio
y va extendiendo sus manos,
para derramar sus gracias
al pasar por Lo Campano,
donde esperamos sus hijos
para orar con devoción,
en la querida parroquia
de San Pedro Pescador.

Después, llenos de tu gloria,
te iremos acompañando,
para llevarte hasta el templo
del santo apóstol Santiago.

Y al pasar por la puerta
del señor Pérez Delgado,
recordarás los versos
del poeta octogenario.
Aquel que tanto te amaba
y temblaba de emoción
al darte, con los poemas,
cada año su corazón.

Y después caminaremos,
andando con alegría,
para llegar hasta el templo
del barrio de Santa Lucía.
Donde te esperan los fieles
para orarte con amor
y cuidarte hasta el momento
de subirte en procesión.

La primera comunión

¡Qué alegría!
Preparar con ilusión este día,
ofrecer el corazón a Jesús,
el gran amigo,
pedirle con mucho amor
sea luz en el camino.

Que este día os comprometa
con el amor verdadero
y os animéis a seguir sus pasos
por el sendero
de su justicia, amor y entrega,
como él lo hizo primero.

Jesús quiere de vosotros
ayuda y generosidad,
para arreglar en el mundo
todo aquello que va mal.

Trabajando por la justicia,
por la armonía y la paz,
cuidad la naturaleza,
cosa de la humanidad.

Que haya sitio para todos,
viviendo en fraternidad,
que no acabe todo aquí,
en este día precioso.

¡Qué gozo ver a los padres
con esa luz en los ojos!
Sentir cómo recibís
a Jesús sacramentado,
prometiendo desde aquí
no apartaros de su lado.

Hoy seréis para Jesús
cual ramillete de flores,
estas niñas, estos niños
se sonrojan, ¡qué colores!
Pero si así estáis más guapos,
hasta Jesús se sonríe,
¿no estáis sintiendo su abrazo?
Ese susurro al oído:
«no me olvidéis, no me olvidéis».

Será bonito volver
a la casa del Señor,
aquí quedan las personas
que dieron todo su amor,
catequistas y sacerdote
trabajando con tesón
a preparar los caminos
de la causa del Señor.

Nunca, nunca olvidaréis
este día, esta luz,
por eso regresaréis
a visitar a Jesús.

Esperando aguardará
alumbrando los caminos,
seguro que llorará
si se queda sin amigos.

No, no quiero ser pesada,
que se enfría el chocolate,
tanta charla, tanta charla.
¡Oh, por Dios, qué disparate!

Solo unas palabras más,
y lo digo con amor,
¡qué día tan especial,
la primera comunión!
Esto es solo el primer paso
para seguir al Señor.

MI SOBRINA

Mírala, está divina,
se me ensancha el corazón,
hoy toma mi sobrina
la primera comunión.

Como una blanca paloma
va luciendo su hermosura,
la están mirando sus padres,
en sus ojos, la ternura,
en sus almas, la esperanza,
la alegría y el corazón,
les miro llena de gozo,
se me ensancha el corazón.

Ahora escúchame, sobrina,
hoy estás llena de luz,
nunca olvides este día
en que llamaste a Jesús.

Él te enseñará el camino
en tu paso por la vida,
nunca te apartes te pido,
Miriam, sobrina querida.

VIRGEN DE LA CARIDAD

Virgen de la Caridad,
patrona de Cartagena,
la fe de nuestros mayores,
la esperanza de esta tierra.

Mira a tu pueblo que, unido,
hoy viene a conmemorar
tu llegada hace tres siglos
a este querido lugar.

Cuentan antiguas leyendas
del libro de Cartagena
que, al apartarte de aquí,
el mar rugía de pena.

Desencadenando sus aguas
turbulentas tempestades,
haciendo volver la calma
al regreso de tu nave.

No hicieron falta palabras,
el pueblo entendió el mensaje,
con el mar comunicabas
que aquí querías quedarte.

Has reinado con bondad,
dando gloria a nuestra tierra,
madre de la Caridad,
patrona de Cartagena.

Hoy miras con gran pesar
a tu pueblo que agoniza,
por falta de humanidad,
intereses y codicia.

Nos quitan nuestro trabajo,
nos niegan nuestros derechos,
han arrancado de cuajo
toda una vida de esfuerzos.

Y el pueblo cartagenero,
unido como una piña,
ante la reina del cielo
está clamando justicia.

Mira a tus hijos, Señora,
¿ves cómo hunden tu tierra?
Poco a poco la devoran,
los tiempos que la gobiernan.

Azotan a nuestra tierra,
dejando profundos surcos,
el viento de la inclemencia
la está vistiendo de luto.

Como el hijo que agoniza,
venimos a suplicarte,
sálvanos de las cenizas.
Piedad y ayuda, ¡oh, madre!

EPITAFIO

Cuando el poeta descanse,
que nadie llore por él
porque ya no tendrá hambre,
porque ya no tendrá sed
y tampoco tendrá penas,
que Dios estará con él.

Cuando el poeta descanse,
que nadie le tenga pena;
que, cruzando el universo,
una estrella luminosa
ha de mostrarle el camino
donde encontrará la llave
que soltará sus cadenas.

Cuando el poeta descanse,
que nadie llore por él.

TU PARTIDA

El Señor ha querido dejarme
en la Tierra y llevarse a mi hijo,
al que tanto luché por salvar
y arrancarle del cruel precipicio.

Como madre doliente y sufrida
lo llevé, ¡oh, Jesús!, en tu nombre
por caminos y sendas perdidas
a sanarle en Proyecto Hombre.

Día a día llorando mi pena
por los hijos que aquí me dejaba,
el consuelo y ayuda tenía
de una santa llamada sor Juana.

Cada día arrastrando mi pena
hacia el centro yo le acompañaba,
como niño que acude a la escuela
su mochila colgada a la espalda.

Por la tarde iba a recogerle,
cual niñito allí me esperaba,
no podía salir a la calle
sin la firma de madre entregada.

Y pasaron dos años de lucha
y mi hijo mejor cada día,
su carita se fue transformando,
la belleza a su rostro volvía.

Pero un día fatal se perdió,
la ansiedad devoró sus entrañas,
otra vez el veneno probó
y la novia blanca le atrapaba.

«Yo te quiero más que nadie —le dijo—.
Vuelve a mí, que sabré consolarte.
Si a mí vuelves yo te haré feliz,
más que tus hermanos o tu madre».

Y la novia blanca le atrapó,
esta vez ya no pude ayudarle,
y mi hijo de nuevo cayó
para nunca más levantarse.

Aquí estoy a tus pies, ¡oh, Dios mío!
Clamo al cielo como alma en pena.
Llévame, quiero estar con mi hijo,
nada tengo que hacer ya en la Tierra.

¿Cómo pueden por el vil dinero
enterrar a tanta gente buena?
Mi chiquillo tan solo era débil
y no supo saltar la barrera.

PRIMER ANIVERSARIO DE TU PARTIDA HACIA EL CIELO

Carmelo, hijo de mi vida, no digo de tu muerte porque tú vives en Cristo y en mi corazón.

La partida del tito Paco, después la tuya, es tan fuerte…

Yo sé cómo querías a tu tío. Observé cómo te secabas las lágrimas en un llanto desgarrador, sentadico en el muro que hay enfrente del tanatorio. Llevo tu imagen clavada en mi corazón, de cómo llorabas a tu tío en silencio. Quién me iba a decir en aquel momento el poco tiempo que te quedaba de vida.

¡Hijo mío! Cómo echo de menos tus besos de buenas noches. Como al llevarte el vaso de leche, cuando ibas a dormirte, cuando no te quedaban fuerzas ya para seguir despierto. Cómo te incorporabas alzando la cabeza para darme dos besos diciendo: «Gracias, mamá». Cómo los echo de menos.

Cuánto me arrepiento de lo estúpida que era contigo cuando te echaba en cara el mucho trabajo que me dabas. Recuerdo cómo al gritarte te enfadabas diciéndome: «Algún día te pesará». Cómo sabías que te ibas a marchar antes que yo.

Tengo el corazón en carne viva. Hijo, no hay noche que al besar tu foto cuando me voy a dormir no te pida perdón. El vacío que has dejado no lo ocupa nadie. Qué amargas mis noches cuando no siento en mi cara esos dos besos de buenas noches al decirme: «¡Gracias, mamá!».

Dicen que cuando perdemos a un ser querido no se va del todo, que nos acompaña siempre aunque no le podamos ver porque está en otra dimensión. Y pienso: «Si Dios me concediera el privilegio de sentir un beso tuyo en mi mejilla…». Cómo te echo de menos, hijo mío. Siempre en mi corazón.

Agradecimientos

Es complicado para mí reducir a unas pocas líneas lo que siento.

En primer lugar, quiero agradecer a Ana, mi maestra en la escuela de adultos, por admirar mis escritos y creer en mí y en mi potencial a la hora de expresar sentimientos. Ello llevó a que me pusiera en manos de sor Juana, a la cual tengo un grandísimo cariño, que me pedía poesías para la Virgen del Calvario, entre otras.

Al padre Ángel, sacerdote de la iglesia San Pedro Pescador, que en mis primeros años de escritura me corregía las faltas de ortografía y me pasaba a máquina de escribir las poesías para poder conservarlas hasta el día de hoy.

Gracias a mi hija María José y a mis hijos Juan Carlos, Carmelo y Néstor, que han inspirado la mayoría de mis poemas. Sin ellos no sería posible esta composición literaria.

A mi hermano Antonio y mis hermanas Elena, Juani y Carmen por todo el apoyo incondicional recibido.

No puedo olvidarme de mi nieta mayor, Naiara, que con su empeño en cumplir mi sueño ha contactado con varias editoriales para llevarlo a cabo. Todos y cada uno de mis nietos me aportan el grado de cariño y satisfacción necesario en la vida, pues con sus besos y abrazos crean bonitos momentos que se tornan en gratos recuerdos.

Sobre la autora

María Huertas López Pérez nació en Cartagena (Murcia) el 28 de julio de un buen año allá por finales de los 40. Creció rodeada de montes y naturaleza, los cuales disfrutaba y recorría durante su niñez. Ya en su juventud, como la mayoría de chicas en esa época, cosió para un reconocido sastre de su ciudad natal.

Su pasión por las letras es algo que nació con ella, aunque su necesidad de desahogarse en la escritura se desató a raíz de una traumática situación vivida en su edad adulta.

Actualmente sigue viviendo en Cartagena y disfruta de los días rodeada por su familia y de unas preciosas vistas al mar cuando se encuentra en soledad.

Índice

www.ingramcontent.com/pod-product-compliance
Lightning Source LLC
LaVergne TN
LVHW051531170726
843492LV00006B/1717